गुलाब: उन्नत उत्पादन तकनीक, मूल्य संवर्धन और विपणन रणनीतियाँ

डॉ. एस. के. त्यागी

Made with ♥ on the Notion Press Platform
www.notionpress.com

क्रम-सूची

प्रस्तावना

भारत के किसान देश की रीढ़ हैं, और उनकी मेहनत से कृषि क्षेत्र में निरंतर प्रगति हो रही है। गुलाब की खेती किसानों के लिए एक लाभदायक विकल्प बन सकती है, क्योंकि यह फूल न केवल सुगंध और सौंदर्य का प्रतीक है, बल्कि बाजार में इसकी अच्छी मांग भी है। सही ज्ञान और तकनीकों के साथ, गुलाब की खेती किसानों की आय को बढ़ा सकती है और उन्हें आत्मनिर्भर बना सकती है।

यह पुस्तक विशेष रूप से भारतीय किसानों को ध्यान में रखते हुए लिखी गई है। इसमें गुलाब की खेती से जुड़ी हर महत्वपूर्ण जानकारी दी गई है। मिट्टी और जलवायु की आवश्यकताएँ, उन्नत किस्में, उर्वरक और सिंचाई प्रबंधन, रोग एवं कीट नियंत्रण, और बाजार तक पहुंचने की रणनीतियाँ। पुस्तक में व्यावहारिक सुझाव और आसान भाषा में तकनीकी जानकारी दी गई है ताकि इसे हर किसान आसानी से समझ सके और अपने खेतों में लागू कर सके।

गुलाब की खेती न केवल एक आर्थिक अवसर प्रदान करती है, बल्कि इससे किसानों की आजीविका में विविधता भी आती है। इस पुस्तक का उद्देश्य किसानों को गुलाब की व्यावसायिक खेती के लिए प्रेरित करना और उन्हें आवश्यक मार्गदर्शन प्रदान करना है, जिससे वे अपनी कृषि को अधिक लाभदायक बना सकें।

मुझे आशा है कि यह पुस्तक भारतीय किसानों के लिए उपयोगी सिद्ध होगी और उन्हें गुलाब की खेती में सफलता प्राप्त करने में मदद करेगी।

डॉ. एस. के. त्यागी

1

परिचय

परिचय (Introduction)

गुलाब (Rose) विश्व का सर्वाधिक लोकप्रिय पुष्प है, इसलिए इसे फूलों की रानी भी कहते हैं। यह झाड़ीनुमा बहुवर्षीय पौधा हैं जो सुन्दर पुष्पों के लिए उगाया जाता हैं। भारत में न केवल इसकी सुंदरता और सुगंध के लिए बल्कि इसके आर्थिक और व्यावसायिक महत्व के कारण भी एक प्रमुख फूल फसल के रूप में उभर रहा है। भारतीय किसानों के लिए, गुलाब की खेती एक आकर्षक और लाभदायक व्यवसाय बनती जा रही है। यह फूल घरेलू और अंतर्राष्ट्रीय बाजारों में उच्च मांग में है, जिसका उपयोग सजावट, इत्र, औषधीय उत्पादों और कॉस्मेटिक्स में किया जाता है। गुलाब के फूलों से मुख्य रूप से इत्र निकाला जाता हैं। इत्र के अलावा गुलाबजल, गुलकंद, पंखुरी, गुल रोगन शर्बत आदि उत्पाद गुलाब के फूलों से बनाए जाते हैं। हमारे देश में सुगन्धित गुलाब का उपयोग मुख्यतः माला, कट फ्लावर गुलदस्ता, मंदिर व अन्य धार्मिक और शुभ अवसरों पर किया जाता रहा हैं गुलाब को कट फ्लावर, गुलाब जल, गुलाब तेल, गुलकंद आदि के लिए उगाया जाता हैं।

भारत में विविध जलवायु और मिट्टी की परिस्थितियाँ गुलाब की खेती के लिए अनुकूल हैं। यह फसल लगभग पूरे वर्ष उगाई जा सकती है और अच्छी देखभाल के साथ किसानों को उच्च लाभ दे सकती है। भारतीय बागवानी उद्योग में फूलों की खेती (फ्लोरिकल्चर) का

योगदान बढ़ता जा रहा है और गुलाब इस क्षेत्र में प्रमुख भूमिका निभाता है।

गुलाब का अंतर्राष्ट्रीय परिदृश्य (International scenario of rose)

गुलाब उद्योग विभिन्न क्षेत्रों में फैला हुआ है, जिनमें कट फ्लावर (ताजे कटे हुए फूल), गुलाब का तेल और रोज़ वाइन शामिल हैं। प्रत्येक क्षेत्र में विशिष्ट प्रवृत्तियाँ और विकास पैटर्न देखे जा रहे हैं।

1. कट फ्लावर (ताजे कटे हुए गुलाब) बाजार

- वैश्विक कट फ्लावर बाजार, जिसमें गुलाब एक प्रमुख उत्पाद है, **2024 में लगभग 35.44 बिलियन अमेरिकी डॉलर** का था और **2025 तक 37.41 बिलियन अमेरिकी डॉलर** तक पहुंचने का अनुमान है।
- इस उद्योग की वार्षिक वृद्धि दर **5.6% (CAGR)** रहने की संभावना है।
- यह वृद्धि मुख्य रूप से सांस्कृतिक परंपराओं, फूलों की बढ़ती मांग, और ई-कॉमर्स प्लेटफॉर्म के विस्तार के कारण हो रही है।

2. गुलाब तेल बाजार (Rose Oil Market)

- गुलाब के तेल का वैश्विक बाजार **2024 में 2.7 बिलियन अमेरिकी डॉलर** का था और **2025-2033 के बीच 5.59% (CAGR)** की दर से बढ़कर **2033 तक 4.4 बिलियन अमेरिकी डॉलर** तक पहुँचने का अनुमान है।
- गुलाब तेल का उपयोग सुगंध (परफ्यूम), सौंदर्य प्रसाधन, औषधीय और खाद्य व पेय उद्योगों में तेजी से बढ़ रहा है।

3. रोज़ वाइन बाजार (Rosé Wine Market)

- वैश्विक रोज़ वाइन बाजार **2024 में 12.23 बिलियन अमेरिकी डॉलर** का था और **2031 तक 15.08 बिलियन अमेरिकी डॉलर** तक पहुँचने का अनुमान है।
- इस उद्योग की वार्षिक वृद्धि दर **3.1% (CAGR)** रहने की संभावना है।
- यूरोप और उत्तरी अमेरिका में रोज़ वाइन की बढ़ती लोकप्रियता इस वृद्धि को बढ़ावा दे रही है।

भारत में गुलाब का परिदृश्य (India scenario of rose)

भारत में पुष्पकृषि (फ्लोरीकल्चर) उद्योग, विशेष रूप से गुलाब की खेती, घरेलू और अंतरराष्ट्रीय बाजारों में महत्वपूर्ण भूमिका निभाता है। देश की विविध जलवायु और मिट्टी की स्थितियाँ विभिन्न प्रकार के गुलाबों की खेती का समर्थन करती हैं, जिससे भारत इस क्षेत्र में एक प्रमुख उत्पादक बन गया है।

उत्पादन के आंकड़े (Production Statistics)

वर्ष 2022-23 के दौरान, भारत में कुल गुलाब उत्पादन लगभग **907.21 हजार टन** था। प्रमुख गुलाब उत्पादक राज्य इस प्रकार हैं:

- **कर्नाटक:** 222.63 हजार टन
- **पश्चिम बंगाल:** 153.39 हजार टन
- **गुजरात:** 117.27 हजार टन
- **उत्तर प्रदेश:** 104.79 हजार टन
- **तमिलनाडु:** 98.68 हजार टन

कर्नाटक गुलाब उत्पादन में अग्रणी है और घरेलू खपत के साथ-साथ निर्यात में भी महत्वपूर्ण योगदान देता है।

निर्यात की स्थिति (Export Dynamics)

वर्ष 2021-22 के वित्तीय वर्ष में, भारत ने लगभग **23,597 मीट्रिक टन** फूलों का निर्यात किया, जिसकी कीमत **₹771.41 करोड़** थी। गुलाब इस निर्यात का एक बड़ा हिस्सा था।

घरेलू बाजार की स्थिति (Domestic Market Trends)

घरेलू बाजार में गुलाब की मांग काफी अधिक बनी रहती है, खासकर शादी के सीजन और वेलेंटाइन वीक के दौरान।

- फरवरी 7 (रोज़ डे) को पुणे और अन्य बड़े शहरों में गुलाब की बिक्री में भारी वृद्धि हुई।
- सामान्य दिनों में ₹10 में बिकने वाले लाल गुलाब ₹30 प्रति फूल तक बिके।

चुनौतियाँ और अवसर (Challenges and Opportunities)

हालांकि, घरेलू बाजार में गुलाब की अच्छी मांग है, लेकिन भारतीय गुलाब उत्पादकों को निर्यात क्षेत्र में कई चुनौतियों का सामना करना पड़ रहा है।

- लॉजिस्टिक (परिवहन) समस्याएँ
- उच्च फ्रेट दरें
- बड़े पैमाने पर निर्यात-उन्मुख (एक्सपोर्ट-ओरिएंटेड) खेतों की कमी

भारत में ज्यादातर गुलाब उत्पादक स्वतंत्र रूप से छोटे स्तर पर खेती करते हैं। केवल कुछ ही बड़े समूह 50 एकड़ से अधिक की खेती करते हैं। इसके कारण एयरस्पेस बुकिंग और निर्यात के लिए प्री-ऑर्डर प्राप्त करना मुश्किल हो जाता है।

2

गुलाब के उपयोग

गुलाब के उपयोग (Uses of Rose)

गुलाब (Rosa spp.) अपनी सुंदरता और सुगंध के लिए सदियों से प्रसिद्ध रहा है, लेकिन इसके उपयोग विभिन्न क्षेत्रों में फैले हुए हैं। यहाँ प्रमाणित स्रोतों और संदर्भों के साथ गुलाब के विस्तृत उपयोगों की जानकारी दी गई है।

1. सजावटी उपयोग (Ornamental Uses)

गुलाब मुख्य रूप से उद्यानों और परिदृश्य सौंदर्यीकरण के लिए उगाया जाता है। इसकी आकर्षक बनावट और रंग इसे बागवानी का प्रमुख पौधा बनाते हैं। इसके अलावा, गुलाब व्यावसायिक कट-फूल उत्पादन के लिए भी उगाए जाते हैं, जो गुलदस्ते और पुष्प सजावट के लिए अत्यधिक लोकप्रिय हैं।

2. पाक उपयोग (Culinary Applications)

गुलाब का फल, जिसे गुलाब हिप्स कहा जाता है, विटामिन C से भरपूर होता है। इसे कच्चा खाया जा सकता है या जैम, जेली, मुरब्बा, सूप और चाय में उपयोग किया जाता है। गुलाब हिप सिरप भी काफी लोकप्रिय है। गुलाब जल और पंखुड़ियाँ: गुलाब जल, जो गुलाब की पंखुड़ियों से निकाला जाता है, विशेष स्वाद प्रदान करता है और इसे मध्य पूर्वी, फारसी और दक्षिण एशियाई व्यंजनों में इस्तेमाल किया जाता है। यह टर्किश डिलाइट, बकलावा और गुलाब जामुन जैसे व्यंजनों

में उपयोग किया जाता है।

3. इत्र और सौंदर्य प्रसाधनों में उपयोग (Perfumery and Cosmetics)

गुलाब तेल (Rose Oil या Attar of Roses): गुलाब की पंखुड़ियों से भाप आसवन (steam distillation) की प्रक्रिया द्वारा निकाला गया यह तेल, परफ्यूम उद्योग में बहुत मूल्यवान है।*Rosa × damascena* और *Rosa × centifolia* विशेष रूप से इत्र के लिए उगाए जाते हैं। सौंदर्य प्रसाधन और त्वचा देखभाल उत्पादों में गुलाब जल का उपयोग इसके त्वचा को ठंडक देने वाले गुणों के कारण किया जाता है। इसे धार्मिक अनुष्ठानों में भी उपयोग किया जाता है।

4. औषधीय उपयोग (Medicinal Uses)

सूजनरोधी और एंटीऑक्सीडेंट गुण: गुलाब के अर्क में सूजनरोधी और एंटीऑक्सीडेंट गुण पाए जाते हैं, जिससे यह त्वचा और शरीर को स्वस्थ बनाए रखने में सहायक होते हैं। गुलाब के आवश्यक तेल की अरोमाथेरेपी से मासिक धर्म के दौरान होने वाले दर्द को कम करने में सहायता मिलती है। जीवाणुरोधी और एंटीफंगल गुण: गुलाब के पौधे के विभिन्न भागों में जीवाणुरोधी और एंटीफंगल गुण होते हैं, जिससे यह प्राकृतिक औषधि के रूप में उपयोगी साबित होते हैं।

5. सामग्री विज्ञान में उपयोग (Material Applications)

बायोमिमेटिक सामग्री (Biomimetic Materials): गुलाब की पंखुड़ियों की संरचना में विशेष प्रकार की माइक्रोस्केल संरचनाएँ पाई जाती हैं, जो प्रकाश को अवशोषित करने और परावर्तन को कम करने की क्षमता रखती हैं। इन विशेषताओं का उपयोग इलेक्ट्रॉनिक और बायोमिमेटिक इंजीनियरिंग में किया जा सकता है।

6. सांस्कृतिक और प्रतीकात्मक महत्व (Cultural and Symbolic Significance)

कला और साहित्य में गुलाब: गुलाब प्रेम, सौंदर्य और पवित्रता का प्रतीक रहा है। इसे यूनानी देवी एफ्रोडाइट से जोड़ा जाता है और ईसाई प्रतीकों में भी महत्वपूर्ण स्थान प्राप्त है। को कई देशों ने अपने राष्ट्रीय प्रतीक के रूप में अपनाया है, जैसे इंग्लैंड का ट्यूडर गुलाब।

3

वानस्पतिक विवरण

वानस्पतिक विवरण (Botanical discription)

गुलाब का वानस्पतिक नाम *रोजा* स्पीशीज(*Rosa* sp.)यह रोसेसी (Rosaceae) परिवार के अंतर्गत आता है। अमेरिकी वर्गीकरण शास्त्री रेहडर (1940) के अनुसार, जीनस *रोज़ा* में लगभग 120 प्रजातियाँ शामिल हैं। यह पौधे मुख्य रूप से उत्तरी गोलार्ध के समशीतोष्ण और उपोष्ण कटिबंधों में वितरित होते हैं, जिनमें एशिया, यूरोप और उत्तर अमेरिका शामिल हैं। गुलाब की प्रजातियाँ विभिन्न प्रकार की पारिस्थितिक अनुकूलन क्षमता, संरचनात्मक विशेषताओं और वृद्धि के रूप में भिन्नता दर्शाती हैं।

विकास संरचना और तना

गुलाब बहुवर्षीय झाड़ियाँ या आरोही (climbing) पौधे होते हैं, जो उनकी प्रजाति और पर्यावरणीय परिस्थितियों पर निर्भर करते हैं। इनकी ऊँचाई सामान्यतः 30 सेमी से 2.4 मीटर तक होती है, लेकिन कुछ बेलनुमा किस्में सहारा मिलने पर अधिक ऊँचाई तक जा सकती हैं। गुलाब के तने, जिन्हें कैन (canes) कहा जाता है, प्रायः सीधे या झुके हुए होते हैं और कांटेदार (prickles) होते हैं। इन्हें आमतौर पर काँटे कहा जाता है, लेकिन वास्तव में ये तंतु जैसे बाहरी संरचनाएँ होती हैं, जो पौधे को चढ़ने और रक्षा प्रदान करने में सहायक होती हैं।

पत्तियाँ

गुलाब की पत्तियाँ वैकल्पिक रूप से तने पर लगी होती हैं और प्रायः संयुक्त (pinnately compound) होती हैं। इनमें 3 से 9 पत्तियाँ होती हैं, जिनमें 5 या 7 पत्तियों का संयोजन सबसे अधिक पाया जाता है। प्रत्येक पत्रक अंडाकार आकार का होता है और किनारों पर आरीदार (serrated) होता है। पत्तियों की लंबाई सामान्यतः 5 से 15 सेमी होती है। अधिकांश प्रजातियाँ पर्णपाती (deciduous) होती हैं, यानी पतझड़ में पत्तियाँ झड़ जाती हैं, जबकि कुछ उष्णकटिबंधीय प्रजातियाँ सदाबहार होती हैं।

फूल

गुलाब के फूल अपनी सुंदरता और सुगंध के लिए प्रसिद्ध हैं। इनका आकार, रंग और संरचना व्यापक रूप से भिन्न हो सकते हैं। जंगली गुलाब की प्रजातियों में प्रायः पाँच पंखुड़ियाँ होती हैं, जबकि संकर प्रजातियों में पंखुड़ियों की संख्या अधिक होती है। पंखुड़ियाँ सामान्यतः सफेद, गुलाबी, पीले, लाल और मिश्रित रंगों की होती हैं। फूलों के नीचे पाँच बाह्यदल (sepals) होते हैं, जो सरल या खंडित हो सकते हैं। गुलाब के पुष्पक्रम एकल या समूहों में विकसित हो सकते हैं।

फल

गुलाब का फल एक मांसल संरचना होती है, जिसे **हिप (hip)** कहा जाता है। यह फूल के आधार से विकसित होता है और आमतौर पर लाल से नारंगी रंग का होता है। गुलाब के हिप विटामिन C से भरपूर होते हैं और इन्हें औषधीय और खाद्य उत्पादों में उपयोग किया जाता है।

प्रजनन संरचना

गुलाब के फूलों में अंडाशय (ovary) ऊर्ध्वस्थित (superior) होता है और इसमें कई फल्लीपत्र (carpels) होते हैं, जिनमें प्रत्येक एक बीज युक्त फल विकसित करता है। यह बीज अंडाशय के चारों ओर स्थित मांसल संरचना (हाइपैंथियम) के भीतर संकलित होते हैं, जिसे गुलाब हिप कहा जाता है। परागण (pollination) मुख्यतः कीटों, विशेषकर मधुमक्खियों, द्वारा किया जाता है।

4

उपयुक्त जलवायु एवं मृदा

उपयुक्त जलवायु (Suitable climate)

गुलाब के लिए जाड़े में अधिक ठंडक, न गर्मियों में अधिक गर्म चाहिए अर्थात दिन का तापमान 25-30 डिग्री सेल्सियस और रात का तापमान 15-18 डिग्री सेल्सियस के बीच वाले स्थान गुलाब के उत्पादन के लिए उपयुक्त हैं।

मृदा का चयन (Selection of soil)

गुलाब हेतु मिटटी दोमट तथा अधिक कार्बनिक पदार्थ वाली होनी चाहिए। 6.0-7.5 के पीएच के साथ कार्बनिक पदार्थ से समृद्ध गहरी दोमट मिट्टी (45-60 सेमी तक) गुलाब की खेती के लिए आदर्श रूप से उपयुक्त होती है।

5

उन्नत किस्में

उन्नत किस्में (Improved varieties)

अर्का सिनचाना (Arka Sinchana)

यह किस्म अत्यधिक फूलों वाली, सदाबहार फ्लोरिबुंडा गुलाब है जिसे उद्‌यान प्रदर्शन के लिए पहचाना जाता है। फूल चमकीले लाल रंग के होते हैं (आरएचएस रंग चार्ट लाल समूह-43-ए) और फूल गुच्छों में पैदा होते हैं। नई पत्तियाँ कांस्य हरे रंग की होती हैं जो पत्तियाँ परिपक्व होने पर गहरे हरे रंग में बदल जाती हैं। फूल आकार में छोटे (5.4 सेमी) होते हैं, और 40-45/फूल तक की कई पंखुड़ियों से भरे होते हैं। यह औसतन 1250-1500 फूल/पौधा/वर्ष पैदा करता है।

अर्का शर्मीली (Arka Sharmeeli)

यह किस्म एक हमेशा खिलने वाला फूलदार हाइब्रिड टी गुलाब है जो उद्‌यान प्रदर्शन के लिए पहचाना जाता है। फूल का रंग हल्के गुलाबी से लेकर कली से लेकर खिलने के विभिन्न चरणों तक लाल रंग के विभिन्न रंगों में बदलता रहता है। फूल लंबे डंठलों के सिरे पर 2-3 फूलों के गुच्छों में लगते हैं। यह औसतन प्रति वर्ष 450-500 फूल/पौधा पैदा करता है। फूल मध्यम आकार के होते हैं, औसत फूल का व्यास 7-8 सेमी और 30-35 पंखुड़ियाँ/फूल होते हैं। फूल खिलने के प्रारंभिक चरण में, पंखुड़ी का रंग लाल समूह 50-ए का होता है और धीरे-धीरे रंग लाल समूह 53-ए के साथ गहरा हो जाता है, जैसा कि आरएचएस रंग चार्ट के साथ दर्ज

किया गया है।

अर्का किन्नारी (Arka Kinnari)

यह एक सदैव खिलने वाला फूलदार हाइब्रिड टी गुलाब है जो उद्यान प्रदर्शन के लिए जाना जाता है। यह दो रंग का फूल पैदा करता है जिसमें पूर्वी गुलाबी की ओर सिन्दूरी लाल रंग होता है। धीमी गति से मुड़े हुए उद्घाटन के साथ उच्च केन्द्रित कलियाँ इसे एक आकर्षक फूल बनाती हैं। अर्का किन्नरी की विशेषता फूलों के समूह के साथ लंबे डंठल हैं। इसमें गहरे हरे रंग की चमकदार पत्तियां हैं। औसतन यह लगभग 400-450 फूल/पौधा/वर्ष पैदा करता है। फूल बड़े होते हैं, औसत फूल का व्यास 10-11 सेमी और 35-40 पंखुड़ियाँ/फूल होते हैं। पंखुड़ी के अंदरूनी हिस्से का रंग लाल समूह 38-ए है और बाहरी हिस्से का रंग लाल-बैंगनी समूह 65-डी है जबकि बेसल स्पॉट का रंग पीला समूह 2-डी है जैसा कि आरएचएस रंग चार्ट के साथ दर्ज किया गया है।

अर्का सावी (Arka Savi)

इस किस्म को ढीले फूलों के उत्पादन के लिए खुले मैदान में व्यावसायिक खेती के लिए पहचाना गया है। 'अर्कासावी' फ्लोरिबंडा समूह से संबंधित गुलाब की एक स्प्रे श्रेणी है। इसमें बैंगनी गुलाबी फूल (आरएचएस रंग चार्ट लाल बैंगनी समूह 66-ए) के फूल लगते हैं और फूल गुच्छों में लगते हैं। 'अर्कासावी', गुलाब की संकर प्रजाति अपनी उच्च उपज के साथ फूलदार प्रकृति के लिए पहचानी जाती है। फूलों की संभावित उपज 30 टन/एकड़/वर्ष है। उच्च उपज के अलावा, इसमें लंबी शेल्फ लाइफ (5 -6 दिन) का लाभ भी है।

अर्का सुकन्या (Arka Sukanya)

यह किस्म सुगंधित फूल, अत्यधिक पुष्पयुक्त; उद्यान प्रदर्शन के लिए आदर्श, सुगंध निष्कर्षण और सुगंध चिकित्सा की क्षमता के लिए उपयुक्त है । इसे संस्थान वीटीआईसी द्वारा जारी करने के लिए पहचानी गई है।

अर्का प्राइड (Arka Pride)

इस किस्म के फूल नारंगी रंग के होते हैं; यह किस्म कटे हुए फूलों के लिए, खुले मैदान और संरक्षित खेती के लिए उपयुक्त है ।

अर्का आइवरी (Arka Ivory)

इस किस्म के फूल क्रीमी सफेद रंग के, मकड़ी के प्रति मध्यम प्रतिरोधी, लंबे फूल के डंठल वाले होते हैं; यह किस्म संरक्षित खेती के तहत कटे फूलों के उत्पादन के लिए उपयुक्त होती है।

अर्का स्वदेश (Arka Swadesh)

यह किस्म पॉलीहाउस खेती के तहत कट फ्लावर उत्पादन के लिए पहचान की गई है। इस किस्म में लंबे डंठल वाले फूल, डंठल की औसत लंबाई 65-70 सेमी. होती है। इस किस्म में 145 पुष्प डंठल/वर्ग मीटर/वर्ष की उच्च उपज क्षमता होती है। फूल आकर्षक लाल रंग के और पत्ते चमकदार होते हैं।

अर्का परिमाला (Arka Parimala)

इस किस्म में लाल-बैंगनी रंग के सुगंधित फूल आते हैं। यह कसिम थ्रिप्स और काले धब्बे के प्रति मध्यम प्रतिरोधी है। इस किस्म की औसत उपज: 5.5 से 6.0 लाख खुले फूल/एकड़/वर्ष है।

पूसा अल्पना (Pusa Alpana)

यह गुलाब की फ्लोरिबंडा प्रकार की किस्म है। फूल सघन, हल्के गुलाबी रंग के और अधिक सुगंध वाले होते हैं। यह बार-बार फूलने वाली किस्म है। अर्ध कठोर लकड़ी की कटिंग द्वारा सीधे प्रचारित हो जाती है। यह किस्म ढीले फूलों के उत्पादन के लिए आदर्श होती है। सुगंधित फूलों का उपयोग माला तैयार करने के लिए किया जा सकता है।

6

उत्पादन प्रौद्योगिकी

उत्पादन प्रौद्योगिकी (Production Technology)

प्रवर्धन (Propagation)

गुलाब के पौधों को *रोजा इंडिका, आर. मल्टीफ्लोरा* और *आर. कैनिना* जैसे मूलव्रंतों (rootstocks) पर कलिकायन या शीर्ष-ग्राफ्टिंग द्वारा प्रवर्धित किया जाता है। 'अर्का निशकांत' बिना किसी कांटेदार रूट स्टॉक की एक किस्म है और उच्च कलियों के साथ आसानी से फूट जाती है। पौधों के आसान परिवहन के लिए पॉलीबैग में बडिंग आदर्श होती है। रोपण के लिए 3 महीने पुराने कलिकालित पौधों का उपयोग किया जाता है।

गुलाब में कलिकायन (Budding in rose)

मूलवृंत के ऊपर 'टी' बडिंग द्वारा इसकी पौध तैयार होती हैं। मूलवृंत की कलम जून-जुलाई में क्यारियों में लगभग 15 सेमी. की दुरी पर लगा दी जाती हैं और इनमे पत्तियां फुट जाती हैं। नवम्बर-दिसम्बर में चाकू की सहायता से फुटाव आई टहनियों पर से कांटे साफ कर दिए जाते हैं। जनवरी में अच्छी किस्म के गुलाब से टहनी लेकर 'टी' आकार कालिका निकालकर जंगली गुलाब के ऊपर लगाकर पॉलीथिन से कसकर बांध देते हैं। कुछ दिनों में इनमे फुटाव आ जाता हैं और जुलाई-अगस्त में रोपाई के लिए पौध तैयार हो जाती हैं।

रोपण (Planting)

ढीले पुष्प उत्पादन के लिए (For loose flowers production)

रोपण पंक्तियों में किया जाता है, ढीले (Loose) पुष्प उत्पादन के लिए पंक्तियों के बीच 2 मीटर और पौधों के बीच 1 मीटर का अंतर होना चाहिए। दूरी के आधार पर, जड़ों को बिना मुड़े उचित स्थिति में फिट करने के लिए 1-2 फीट गहरे गड्ढे या खाइयां खोदी जाती हैं। रोपण के बाद, धुंध के साथ या नली पाइप के साथ अधिकतम नमी प्रदान करने की सलाह दी जाती है ताकि मिट्टी बिना हवा के जड़ों के आसपास बैठ जाए। रोपण करते समय इस बात का ध्यान रखना चाहिए कि कलियाँ मिट्टी से 2-3 सेमी ऊपर हों। रोपण के शुरुआती चार-छह महीने बाद, पौधों की अच्छी वानस्पतिक वृद्धि के लिए लगातार कलियों को निकालकर उनका पोषण करना चाहिए। शुरुआती विकास में उभरते हुए रोस्ट स्टॉक की पहचान करना और उन्हें हटाना बहुत जरूरी है क्योंकि रूट स्टॉक जोरदार होते हैं और उभरी हुई किस्म से आगे निकलने की कोशिश करते हैं।

कट पुष्प उत्पादन के लिए (For cut flowers production)

कट (cut) पुष्प उत्पादन के लिए 1 मीटर चौड़ी एवं 30-40 मीटर लम्बी उठी हुई बेड बनाएं। कृषि क्रिया करने के लिए दो बेड्स के बीच में 50 सेमी का स्थान छोड़े। एक बेड पर दो गुलाब की पंक्ति लगावें दो पंक्तियों के बीच 25 सेमी एवं पौधों के बीच 20 सेमी का अंतर होना चाहिए। इस तरह से रोपण करने पर 60-70 हाजर पौधे प्रति हेक्टेयर रोपित होंगें।

एकीकृत पोषक तत्व प्रबंधन (Integrated Nutrient Management)

गुलाब से अधिक एवं गुणवत्ता युक्त उत्पदान के लिए खाद एवं उर्वरकों का उपयोग मृदा परीक्षण के आधार पर करना चाहिए। क्यारियों की तैयारी के समय 15 किग्रा/वर्ग मीटर की दर से गोबर की खाद डालकर मिट्टी में मिलाया जाता है। रोपण से पहले प्रति 10 वर्ग मीटर में 2 किलोग्राम सुपरफॉस्फेट, 1 किलोग्राम कैल्शियम अमोनियम नाइट्रेट और 500 ग्राम म्यूरेट ऑफ पोटाश का आधार उपयोग करना चाहिए । इसके अतिरिक्त पाली हाउस में कट पुष्प उत्पादन के लिए मुख्य पोषक

तत्वों में 50 ग्राम नत्रजन, 15 ग्राम स्फुर एवं 60 ग्राम पोटाश प्रति वर्ग मीटर प्रति वर्ष के दर से देना चाहिए । उर्वरक 15 दिन के अंतराल से देना चाहिए। खुले में पुष्प उत्पादन के लिए मुख्य पोषक तत्वों में 60 ग्राम नत्रजन, 20 ग्राम स्फुर एवं 70 ग्राम पोटाश प्रति वर्ग मीटर प्रति वर्ष के दर से देना चाहिए । उर्वरक 30 दिन के अंतराल से देना चाहिए। सूक्ष्म पोषक तत्व मिश्रण @ 2 ग्राम/लीटर या व्यक्तिगत पोषक तत्वों की आपूर्ति पत्तियों पर छिडकाव या फर्टिगेशन के माध्यम से की जाती है। इष्टतम पोषक तत्वों की आपूर्ति के लिए मिट्टी, पानी और पत्ती का नियमित विश्लेषण करना चाहिए ।

सिंचाई प्रबन्धन (Irrigation management)

गुलाब के लिए सिंचाई का उत्तम प्रबंध होना चाहिए और आवश्यकतानुसार गर्मी में 5-7 दिन और सर्दी में 10-12 दिन बाद सिंचाई करनी चाहिए। ड्रिप से 4-6 लीटर पानी/वर्ग मीटर /दिन की दर सिंचाई उत्तम होती है। हालाँकि, तापमान, सापेक्ष आर्द्रता और प्रकाश की स्थिति के आधार पर यह भिन्न हो सकता है।

कटाई-छटाई (Pruning)

काट-छांट के लिए मैदानी भागों में अक्टूबर महीनें का दूसरा सप्ताह उपयुक्त होता है, बशर्ते काट-छांट के समय वर्षा न हो। पौधों में 3-5 मुख्य टहनियों को 30-45 से.मी. लम्बी रखकर काट दिया जाता है। जहां पर काटा जाय वहां पर आँख बाहर की तरफ हो, इस बात का ख्याल रखना चाहिए। इसमें 45 अंश (डिग्री) पर आंख के 5 मी.मी. ऊपर से काटा जाता है। काट-छांट तेज चाकू या सिकेटियर से करनी चाहिए। कटे हुए भाग पर कवकनाशी दवाओं जैसे – कॉपर आक्सीक्लोराइड या बोर्डो पेस्ट का लेप लगाना चाहिए। गुलाब से उत्तम कोटि का फूल लेने के लिए (प्रूनिंग के बाद) प्रति पौधा 5 किलोग्राम गोबर की खाद मिटटी में मिलाकर सिंचाई करनी चाहिए। गोबर की खाद देने के एक सप्ताह के बाद जब पोंधों में नई कोपलें फूटने लगे तब 200 ग्राम केंचुआ खाद, 200 ग्राम नीम की खली, 100 ग्राम हड्डी का चुरा तथा रासायनिक खाद का मिश्रण 50 ग्राम प्रति पौधा जिसमे यूरिया, सुपर फास्फेट, पोटेशियम सल्फेट 1:2:1 अनुपात में हो देना चाहिए।

फूलों की कटाई (Harvesting)

फूलों की कटाई सुबह या शाम के समय करनी चाहिए। फसल की कटाई का चरण किस्म और बाज़ार की दूरी पर निर्भर करता है। ढीले फूलों की कटाई फूल खुलने की शुरुआत में की जाती है। बाजार की मांग के आधार पर फूलों की कटाई पंखुड़ी निकलने के विभिन्न चरणों में की जा सकती है। अर्का परिमाला और अर्का सुकन्या के फूलों को स्थानीय बाजारों में कटे हुए फूलों के रूप में विपणन करने के लिए, फूलों की कली के आकार को बढ़ाने के लिए बड कैप से ढका जा सकता है।

फूलों की कटाई के बाद देखरेख (Post harvest care)

फूल काटते समय पानी की बाल्टी साथ रखें जिससे फूलों को काटने के तुरंत बाद पानी में रखा जा सके। बाल्टी में कम से कम 10 से.मी. पानी अवश्य होना चाहिए। जिससे फूलों की डंडी अच्छी तरह से भीग जाये। पानी के अंदर प्रिजरवेटिव्ज भी मिलाते है। फूलों को कम से कम 3 घंटे पानी में रखने के बाद ही उनकी ग्रेडिंग के लिए निकलना चाहिए यदि ग्रेडिंग देर से करनी हो तो फूलों को कोल्ड स्टोरेज में रखना चाहिए। जिसका तापक्रम 1-3 डिग्री सेल्सियस होना चाहिए।

7

मूल्य संवर्धन

मूल्य संवर्धन (Value Addition)

गुलाब की खेती में मूल्य संवर्धन एक महत्वपूर्ण रणनीति है जो किसानों की आय बढ़ाने और गुलाब की खेती को अधिक लाभदायक बनाने में मदद कर सकती है। मूल्य संवर्धन का अर्थ है कच्चे गुलाब उत्पादों को प्रसंस्करण, पैकेजिंग और गुणवत्ता सुधार के माध्यम से उच्च मूल्य वाले उत्पादों में बदलना। यह प्रक्रिया गुलाब उत्पादों को विभिन्न उद्योगों जैसे कि कॉस्मेटिक्स, फार्मास्यूटिकल्स, खाद्य और वेलनेस क्षेत्रों के लिए उपयुक्त बनाती है।

1. गुलाब की खेती में मूल्य संवर्धन का महत्व (Importance of Value Addition in Rose Farming)

- **अधिक मुनाफा:** प्रसंस्कृत गुलाब उत्पाद कच्चे फूलों की तुलना में अधिक मूल्य प्राप्त करते हैं।
- **बाजार विस्तार:** मूल्य संवर्धित उत्पाद फूलों की खेती से आगे बढ़कर कई अन्य उद्योगों में उपयोग किए जाते हैं।
- **लंबी शेल्फ लाइफ:** गुलाब तेल, गुलाब जल और सूखे गुलाब की पंखुड़ियों जैसे उत्पाद लंबे समय तक खराब नहीं होते।
- **कटाई के बाद हानि में कमी:** मूल्य संवर्धन से अधिक उत्पादन वाले फूलों को लाभकारी उत्पादों में परिवर्तित करके नुकसान को कम

किया जा सकता है।

2. गुलाब से बने प्रमुख मूल्य संवर्धित उत्पाद (Major Value-Added Products from Rose)

A. आवश्यक तेल और सुगंध उद्योग (Essential Oils & Fragrance Industry)

- **गुलाब का तेल (अत्तर):**भाप आसवन (Steam Distillation) के माध्यम से निकाला जाता है और इसे इत्र, कॉस्मेटिक्स और अरोमाथेरेपी में उपयोग किया जाता है।
- **गुलाब जल:**गुलाब तेल निकालने की प्रक्रिया का एक उप-उत्पाद, जो सौंदर्य प्रसाधन, खाद्य और त्वचा देखभाल में व्यापक रूप से उपयोग होता है।
- **गुलाब परफ्यूम और डिओडरेंट:**प्राकृतिक गुलाब के अर्क का उपयोग उच्च गुणवत्ता वाले सुगंधित उत्पादों में किया जाता है।

B. खाद्य एवं पेय उद्योग (Food and Beverage Industry)

- **गुलकंद:**गुलाब की पंखुड़ियों और चीनी से बना एक पारंपरिक आयुर्वेदिक उत्पाद, जो पाचन को बेहतर बनाता है और शरीर को ठंडा रखता है।
- **गुलाब सिरप और कंसंट्रेट:**गर्मी के मौसम में ठंडे पेय और मिठाइयों में उपयोग किया जाता है।
- **गुलाब चाय और हर्बल इन्फ्यूजन:**सुखाई गई गुलाब की पंखुड़ियों का उपयोग हर्बल चाय बनाने में किया जाता है, जो एंटीऑक्सीडेंट से भरपूर होती है।
- **गुलाब जैम और जेली:**मिठाइयों और बेकरी उत्पादों में स्वाद बढ़ाने के लिए उपयोग किया जाता है।

C. सौंदर्य और त्वचा देखभाल उद्योग (Cosmetic and Skincare Industry)

- **गुलाब युक्त फेस क्रीम और लोशन**:त्वचा को हाइड्रेट करने, एंटी-एजिंग और त्वचा की मरम्मत के लिए उपयोग किए जाते हैं।
- **लिप बाम और स्क्रब**:प्राकृतिक गुलाब के अर्क से तैयार किए गए उत्पाद होंठों की नमी बनाए रखते हैं।
- **फेस मास्क और टोनर**:त्वचा को ताजगी और नमी प्रदान करने के लिए गुलाब जल और अर्क का उपयोग किया जाता है।

D. औषधीय एवं फार्मास्युटिकल उद्योग (Medicinal and Pharmaceutical Industry)

- **आयुर्वेदिक और हर्बल दवाएं**:पाचन तंत्र को सुधारने, तनाव को कम करने और सूजन को कम करने में सहायक।
- **गुलाब-आधारित हर्बल सप्लीमेंट**:एंटीऑक्सीडेंट गुणों से भरपूर, जो समग्र स्वास्थ्य के लिए फायदेमंद हैं।
- **गुलाब आधारित एंटीमाइक्रोबियल फॉर्मूलेशन**:अनुसंधान के अनुसार, गुलाब में जीवाणुरोधी और एंटीफंगल गुण होते हैं।

E. हस्तशिल्प और विशेष उत्पाद (Handicrafts and Specialty Products)

- **सूखे गुलाब की पंखुड़ियां और पोटपौरी**:घरेलू सजावट और अरोमाथेरेपी के लिए उपयोग किया जाता है।
- **गुलाब सुगंधित मोमबत्तियां और धूपबत्ती**:ध्यान और विश्राम के लिए सुगंधित उत्पादों में प्रयोग किया जाता है।
- **प्राकृतिक गुलाब आधारित वस्त्र रंग**:जैविक और पर्यावरण-अनुकूल रंगाई प्रक्रियाओं में उपयोग किया जाता है।

3. बाजार की संभावनाएं और अवसर (Market Potential and Opportunities)

- **प्राकृतिक उत्पादों की बढ़ती मांग:**जैविक और हर्बल उत्पादों की बढ़ती लोकप्रियता गुलाब-आधारित मूल्य संवर्धित उत्पादों की मांग को बढ़ा रही है।
- **निर्यात संभावनाएं:**उच्च गुणवत्ता वाले गुलाब तेल और अर्क की यूरोप, मध्य पूर्व और अमेरिका में भारी मांग है।
- **सरकारी सहयोग:**भारत में फूलों की खेती और मूल्य संवर्धन को बढ़ावा देने के लिए कई सरकारी योजनाएं उपलब्ध हैं।

4. निष्कर्ष (Conclusion)

गुलाब की खेती में मूल्य संवर्धन किसानों और उद्यमियों के लिए आय बढ़ाने और अपव्यय को कम करने का एक शानदार अवसर प्रदान करता है। विभिन्न उद्योगों में बढ़ती मांग को देखते हुए, गुलाब-आधारित मूल्य संवर्धित उत्पादों में जबरदस्त विकास की संभावनाएं हैं। किसान प्रसंस्करण इकाइयों के साथ साझेदारी कर सकते हैं या छोटे पैमाने पर उत्पादन इकाइयां स्थापित कर सकते हैं ताकि इस लाभदायक बाजार में प्रवेश कर सकें।

8

समन्वित कीट एवं रोग प्रबंधन

समन्वित कीट एवं रोग प्रबंधन(Integrated Pest and Disease Management)

समन्वित कीट एवं रोग प्रबंधन (IPDM) एक समग्र दृष्टिकोण है, जो गुलाब की खेती में कीट और रोगों को प्रभावी रूप से नियंत्रित करने के लिए विभिन्न नियंत्रण विधियों को जोड़ता है। इसका उद्देश्य आर्थिक, स्वास्थ्य और पर्यावरणीय जोखिमों को कम करते हुए कीटों और रोगों को सहनीय स्तर पर बनाए रखना है। यह रणनीति सांस्कृतिक, जैविक, यांत्रिक और रासायनिक नियंत्रण उपायों का समन्वित उपयोग सुनिश्चित करती है।

गुलाब की खेती में समन्वित कीट एवं रोग प्रबंधन (IPDM) के प्रमुख घटक

1. सांस्कृतिक (Cultural) विधियाँ

- सही स्थान और रोपण का चयन:
    - जल निकासी वाली मिट्टी और उचित धूप वाले स्थानों का चयन करें, जिससे रोगों की संभावना कम हो।

- **प्रतिरोधी किस्मों का चयन:**
    - उन गुलाब की किस्मों को उगाएँ जो काले धब्बे (Black Spot) और चूर्णी फफूंदी (Powdery Mildew) जैसे रोगों के प्रति प्रतिरोधी हों।
- **उचित दूरी बनाए रखना:**
    - पौधों के बीच पर्याप्त स्थान रखें ताकि हवा का संचार अच्छा हो और नमी के कारण रोग विकसित न हो।
- **सफाई और स्वच्छता:**
    - संक्रमित पत्तियाँ, गिरे हुए फूल-पत्ते और रोगग्रस्त टहनियों को हटाकर नष्ट करें ताकि संक्रमण के स्रोत समाप्त हो जाएँ।

2. जैविक (Biological) नियंत्रण

- **प्राकृतिक शिकारी (Natural Predators):**
    - लेडी बीटल (Lady Beetles) और शिकारी माइट्स (Predatory Mites) जैसे लाभकारी कीटों को प्रोत्साहित करें, जो गुलाब के प्रमुख कीटों (जैसे एफिड्स और स्पाइडर माइट्स) को खाते हैं।
- **सूक्ष्मजीवी एजेंट (Microbial Agents):**
    - विशेष कीटों को निशाना बनाने वाले फफूंद (Fungi) और बैक्टीरिया (Bacteria) का उपयोग करें, जिससे अन्य लाभकारी जीवों को नुकसान न पहुँचे।

3. यांत्रिक एवं भौतिक (Mechanical & Physical) नियंत्रण

- **हाथ से कीट हटाना (Handpicking):**
    - कैटरपिलर और बीटल जैसे दिखने वाले कीटों को हाथ से निकालें।
- **छँटाई (Pruning):**
    - रोगग्रस्त और संक्रमित टहनियों को समय-समय पर काटें, जिससे पौधों का स्वास्थ्य बेहतर बना रहे।
- **सुरक्षात्मक अवरोध (Barriers):**
    - जाल (Nets) या पौधों को ढकने वाले कवर का उपयोग करें, जिससे कीट पौधों तक न पहुँच सकें।

4. रासायनिक (Chemical) नियंत्रण

- **चयनात्मक कीटनाशक (Selective Pesticides):**
    - केवल उन्हीं कीटनाशकों का उपयोग करें जो विशेष कीटों के लिए प्रभावी हों और लाभकारी कीड़ों को नुकसान न पहुँचाएँ।
- **सही तरीके से छिड़काव (Proper Application):**
    - लेबल निर्देशों का पालन करें और अत्यधिक उपयोग से बचें ताकि कीटों में प्रतिरोधक क्षमता (Resistance) न विकसित हो।

5. निगरानी और रिकॉर्ड-कीपिंग (Monitoring & Record-Keeping)

- **नियमित निरीक्षण:**
    - पौधों का बार-बार निरीक्षण करें ताकि कीटों या रोगों के प्रारंभिक संकेतों का पता लगाया जा सके।
- **डेटा संग्रह:**
    - कीटों की घटनाओं, नियंत्रण उपायों और उनके परिणामों का रिकॉर्ड रखें ताकि भविष्य में बेहतर प्रबंधन किया जा सके।

गुलाब के प्रमुख कीट (Major Insects of Rose)

गुलाब की खेती में कई प्रकार के कीट नुकसान पहुँचाते हैं, जो पौधों की वृद्धि, फूलों की गुणवत्ता और उत्पादन को प्रभावित कर सकते हैं। उचित प्रबंधन के लिए इन कीटों की पहचान और नियंत्रण आवश्यक है।

थ्रिप्स (Thrips)

इस कीट का वैज्ञानिक नाम *रिपिफोरोथ्रिप्स क्रुएंटेटस* एवं *स्कर्टोथ्रिप्स डॉर्सालिस(Rhipiphorothrips cruentatus* and*Scirtothrips dorsalis)* है। यह कीट कोमल पत्तियों, कलियों और फूलों से कोशिका रस चूसते हैं। भूरे निशान वाली मुड़ी हुई पत्तियाँ और जले हुए किनारों वाली विकृत कलियाँ क्षति के मुख्य लक्षण हैं। नई टहनियों और कलियों पर गंभीर प्रकोप होता है।

प्रबंधन (Management)

- कीट सहित क्षतिग्रस्त पत्तियों, टहनियों और फूलों की कलियों को हटा दें और नष्ट कर दें।

- एसीफेट 75% एसपी 1 ग्राम/लीटर या फिप्रोनिल 5% एससी 1.5 मिली/लीटर या इमिडाक्लोप्रिड 17.8% एसएल 0.5 मिली/लीटर का बारी-बारी से छिड़काव करें।
- यदि प्रकोप गंभीर है तो स्पिनोसैड 45% एससी @ 0.3 मिली/लीटर का छिड़काव करें।
- मिट्टी में आराम कर रहे प्यूपा को मारने के लिए क्यारियों को क्लोरपायरीफॉस 20% ईसी @ 5 मिली/लीटर से मिटटी को तर करें।

मकड़ी (Mites)

इसका वैज्ञानिक नाम *टेट्रानाइकस सिनाबारिनस (Tetranychus cinnabarinus)* है। इसके वयस्क और शिशु कोमल कलियों और पत्तियों से रस चूसते हैं, जिसके परिणामस्वरूप प्रभावित पत्तियां बदरंग हो जाती हैं, भूरी हो जाती हैं और सूख जाती हैं।

प्रबंधन (Management)

- मकड़ी सहित क्षतिग्रस्त पत्तियों को निकालकर नष्ट कर दें।
- एज़ाडिरेक्टिन 3000 पीपीएम 3 मिली/लीटर का छिड़काव करें या
- एबामेक्टिन 1.9% ईसी(0.5 मिली/लीटर का छिड़काव करें।

सफेद मक्खी (White fly)

इस कीट का वैज्ञानिक नाम *बेमिसिया टेबेकाई (Bemisia tabaci)* है। इस कीट के शिशु और वयस्क दोनों ही पौधे का रस चूसते हैं और पौधे को निष्क्रिय कर देते हैं। संक्रमित पौधों पर कालिखयुक्त फफूंद विकसित हो जाती है।

प्रबंधन (Management)

- वयस्कों को आकर्षित करने और मारने के लिए पीला चिपचिपा जाल स्थापित करें।
- डायफेनथियुरोन 50% एसपी 1 ग्राम/लीटर पानी का छिड़काव करें।

माहू (Aphids)

इस कीट का वैज्ञानिक नाम ***मैक्रोसिफ़म रोज़े (Macrosiphum rosae)*** है। इस कीट के शिशु और वयस्क दोनों पत्तियों एवं कोमल भागों से रस चूसते हैं और पौधों को निष्क्रिय कर देते हैं। उच्च आर्द्रता और बादल वाला मौसम (अक्टूबर-नवंबर) एफिड्स के तेजी से विकास के लिए अनुकूल होता है। प्रभावित पत्तियाँ विकृत हो जाती हैं जबकि कलियाँ विकास में मंद हो जाती हैं।

प्रबंधन (Management)

- प्रकोप शुरू होने पर नीम या पोंगामिया तेल 1% का छिड़काव करने से भी प्रभावी नियंत्रण होता है।
- *लेकेनिसिलियम लेकानी* का 3 ग्राम/लीटर का छिड़काव भी एफिड्स के खिलाफ प्रभावी है।
- गंभीर संक्रमण की स्थिति में, एसिटामैप्रिड 20% एसपी 0.25 ग्राम/लीटर या इमिडाक्लोप्रिड 17.8% एसएल @ 0.5 मिली/लीटर का छिड़काव करें।

कली छेदक (Bud borer)

इस कीट का वैज्ञानिक नाम ***हेलिकोवर्पा आर्मिगेरा (Helicoverpa armigera)*** है। इस कीट की मादा युवा कलियों पर क्रीम रंग के अंडे देती है। निकले हुए लार्वा कलियों में छेद कर देते हैं और पंखुड़ियों को खाते हैं।

प्रबंधन (Management)

- परिपक्व लार्वा का संग्रह बोरर की आबादी को कम करता है।
- एचए-एनपीवी 250 एलई प्रति हेक्टेयर की दर से छिड़काव भी प्रभावी है।
- इंडोक्साकार्ब 14.5% एससी @ 0.75 मिली/लीटर या थायोडाइकार्ब 75% डब्ल्यूपी @ 1.5 ग्राम/लीटर का छिड़काव करें।

गुलाब के प्रमुख रोग (Major Diseases of Rose)

गुलाब की खेती में कई प्रकार के रोग होते हैं, जो पौधों की वृद्धि, फूलों की गुणवत्ता और उत्पादन को प्रभावित कर सकते हैं। इन रोगों का समय पर प्रबंधन आवश्यक है ताकि फसल को अधिक नुकसान से बचाया जा सके।

काला धब्बा (Black spot)

यह रोग ***डिप्लोकार्बन रोसे (Diplocarbon rosae)*** नामक फफूंद से होता है। इस रोग में पत्तियों पर कोयला-काले, गोलाकार या अनियमित धब्बों के साथ रेशेदार किनारों और पीले आभामंडल के रूप में दिखाई देते हैं। लक्षण सबसे पहले पत्तियों पर और उसके बाद शाखाओं पर दिखाई देते हैं।

प्रबंधन (Management)

- गुलाब वहां लगाए जाने चाहिए जहां सूरज रात की ओस को जल्दी सुखा सके।
- अच्छे वायु संचार के लिए पौधों को पर्याप्त दूरी पर रखें, ऊपर से पानी देने से बचें और पत्तियों को यथासंभव सूखा रखें।
- संक्रमित पौधों को हटा दें और रोगग्रस्त पत्तियों को जला दें।
- निवारक छिडकाव के रूप में मैन्कोजेब 75% डब्ल्यूपी 2 ग्राम/लीटर का छिडकाव करें।
- उपचारात्मक स्प्रे के रूप में क्रेसॉक्सिम मिथाइल 44.3% एससी 1 ग्राम/लीटर या ट्राइफ्लॉक्सीस्ट्रोबिन +टेबुकोनाज़ोल 75% डब्ल्यूजी 1 ग्राम/लीटर का छिड़काव करें।

भभूतिया (Powdery mildew)

यह रोग ***स्पैरोथेका पैनोसा (Sphaerotheca pannosa)*** नामक फफूंद से होता है। रोग के लक्षण नई पत्तियों, टहनियों और कलियों की सतह पर भूरे-सफ़ेद पाउडर जैसे पदार्थ के रूप में दिखाई देता है। संक्रमित पत्तियाँ विकृत हो सकती हैं, और कुछ पत्तियाँ गिर सकती हैं। फूलों की कलियाँ खिलने में विफल हो सकती हैं, और जो खुलती हैं उनमें खराब गुणवत्ता वाले फूल पैदा हो सकते हैं। यह बढ़ते मौसम के दौरान

लगभग किसी भी समय हो सकता है जब तापमान हल्का (70 - 80 डिग्री फ़ारेनहाइट) होता है और रात में सापेक्ष आर्द्रता अधिक और दिन के दौरान कम होती है। यह छायादार क्षेत्रों में और ठंडी अवधि के दौरान सबसे गंभीर होता है।

प्रबंधन (Management)

- एज़ोक्सीस्ट्रोबिन 23% एससी 0.5 ग्राम/लीटर या टेबुकोनाज़ोल 25% ईसी 1 ग्राम/लीटर या हेक्साकोनाज़ोल 75% डब्ल्यूजी 1 ग्राम/लीटर का छिड़काव करें।

शीर्ष मरण (Die-back)

यह रोग ***डिप्लोडिया रोसारम (Diplodia rosarum)*** नामक फफूंद से होता है। इस रोग में संक्रमण तनों के कटे हुए सिरों पर या फूलों की कटाई और अन्य कार्यों के कारण हुए घावों के माध्यम से होता है। संक्रमित तना सिरे से नीचे की ओर सूख जाता है और अक्सर मुख्य तने तक फैल जाता है और इस प्रकार पूरा पौधा नष्ट हो जाता है।

प्रबंधन (Management)

- कटाई-छंटाई के तुरंत बाद कटे हुए सिरों पर तांबे के फफूंदनाशकों का पेस्ट लगाएं।
- कापर ओक्सीक्लोरईड 50% डव्लूपी 2.5 ग्राम प्रति लीटर या क्लोरोथालोनिल 75% डव्लूपी 3 ग्राम प्रति लीटर छिड़काव करें।

म्रदु रोमिल असिता (Downey mildew)

यह रोग ***पेरोनोस्पोरा स्पार्सा (Peronospora sparsa)*** नामक फफूंद से होता है। इस फफूंद के कारण परिपक्व पत्तियों की ऊपरी सतह पर क्लोरोटिक धब्बे बन जाते हैं, जो अंततः परिगलित हो जाते हैं। फूलों की कलियों पर संक्रमण बहुत पहले होता है और फूल पूरी तरह सूख जाते हैं। संक्रमित फूल विकृत हो जाते हैं और खिलने में असफल हो जाते हैं।

प्रबंधन (Management)

- मेटालैक्सिल 35% डब्लूएस 2 ग्राम/ली या मेटालैक्सिल + मैंकोजेब 72% डब्ल्यूपी 1 ग्राम/ली का छिड़काव करें।

बोट्राइटिस झुलसा (Botrytis blight)

यह रोग ***बोट्रीटीस सिनेरिया (Botrytis cinerea)*** नामक फफूंद से होता है। इस रोग के कारण पत्तियों पर पानी से लथपथ घाव हो जाते हैं, जो बहुत तेजी से फैलते हैं। फूलों पर संक्रमण पानी से लथपथ छोटे-छोटे धब्बों के रूप में होता है जिसके परिणामस्वरूप पंखुड़ियाँ अपरिपक्व रूप से मुरझाने लगती हैं और सूखने लगती हैं, जो अंततः गिर जाती हैं।

प्रबंधन (Management)

- पॉलीहाउस में स्वच्छता की स्थिति बनाए रखने और पौधों के हिस्सों पर नमी की मुक्त उपस्थिति को कम करने से रोग कम हो जाता है।
- मैंकोज़ेब 75% डव्लूपी 2 ग्राम/लीटर या क्लोरोथालोनिल 75% डव्लूपी 2 ग्राम/लीटर पानी में घोलकर छिडकाव करें ।

क्राउन गॉल (Crown gall)

यह रोग ***एग्रोबैक्टीरियम ट्यूमफेशियन्स (Agrobacterium tumefaciens)*** नामक जीवाणु से होता है। इस रोग में कटाई, छंटाई और अन्य कृषि कार्यों के कारण क्षतिग्रस्त जड़ों और तनों पर भी गल्स बन जाते हैं।

प्रबंधन (Management)

- रोग मुक्त रोपण सामग्री का उपयोग और संक्रमित सामग्री को नष्ट करें ।

मोजेक (Mosaic)

यह एक विषाणु जनित रोग है। इस रोग में पत्तियों के लक्षणों में मोज़ेक पैटर्न और धब्बे शामिल हैं। अक्सर लक्षण बहुत हल्के होते हैं और केवल कुछ पत्तियों तक ही सीमित होते हैं।

प्रबंधन (Management)

- सीडलिंग रूट स्टॉक का उपयोग करें, क्योंकि अंकुरों को वायरस से मुक्त माना जाता है।

सूत्रकृमि(Nematodes)

नेमाटोड, ***मेलोइडोगाइन*** एसपी. (*Meloidogyne* sp.) जड़ों पर पित्त उत्पन्न करता है जिससे पौधे के भीतर पानी और पोषक तत्वों का परिवहन अवरुद्ध हो जाता है। अत्यधिक संक्रमित पौधे अक्सर बौने हो जाते हैं और उनकी पत्तियाँ सामान्य से अधिक पीली दिखाई देती हैं।

प्रबंधन (Management)

- सूत्रकृमि से ग्रसित जमीन में कम्पोस्ट, गोबर की खाद, जैसे नीम की खली, अरंडी की खली आदि का उपयोग करें ।
- नेमाटोड की रोकथाम के लिए ***पेसियोलोमायसिस लीलासिनस*** (*Paecilomyces lilacinus*) 2.5 लीटर प्रति हेक्टेयर ड्रिप के द्वारा देवे या ***पेसियोलोमायसिस लीलासिनस*** (*Paecilomyces lilacinus*) 2.5 लीटर प्रति हेक्टेयर 100 किलोग्राम गोबर की खाद में मिलाकर खेत मे भुरकाव करें।

निष्कर्ष (Conclusion)

गुलाब की खेती में **समन्वित कीट एवं रोग प्रबंधन (IPDM)** का सही क्रियान्वयन न केवल पौधों के स्वास्थ्य और फूलों की गुणवत्ता को बढ़ाता है बल्कि पर्यावरणीय स्थिरता को भी बनाए रखता है। रासायनिक नियंत्रण के अत्यधिक उपयोग से बचते हुए, विभिन्न प्रबंधन रणनीतियों को मिलाकर कीटों और रोगों को नियंत्रित किया जा सकता है। इससे गुलाब की खेती अधिक टिकाऊ और लाभकारी बनती है।

9

विपणन की रणनीतियाँ

गुलाब के विपणन की रणनीतियाँ (Strategies for Marketing of Roses)

गुलाब का प्रभावी विपणन (मार्केटिंग) करने के लिए ऐसी रणनीतियाँ अपनानी आवश्यक हैं जो इसकी सुंदरता, बहुपयोगिता और सांस्कृतिक महत्व को उजागर करें। नीचे कुछ प्रमुख विपणनरणनीतियाँ दी गई हैं:

1. सोशल मीडिया अभियानों द्वारा विपणन (Engaging Social Media Campaigns)

- **स्टोरीटेलिंग (कहानी सुनाना)**
    - गुलाब से जुड़ी रोचक कहानियाँ, ऐतिहासिक तथ्य और पौराणिक कथाएँ साझा करें।
    - ग्राहकों को गुलाब की विविधता और उपयोग के बारे में शिक्षित करें।
- **ग्राहक सहभागिता (इंगेजमेंट)**

  - ग्राहकों को उनके गुलाब से जुड़े अनुभव साझा करने के लिए प्रेरित करें।
  - इन कहानियों को सोशल मीडिया पेज पर प्रदर्शित करें।

- **पर्दे के पीछे की झलक (Behind-the-Scenes Content)**

  - गुलाब की खेती, देखभाल और सजावट की प्रक्रिया को वीडियो और फ़ोटो के माध्यम से साझा करें।
  - यह पारदर्शिता और ग्राहकों के बीच विश्वास बनाने में मदद करेगा।

2. इंटरएक्टिव ग्राहक अनुभव (Interactive Customer Experience)

- **वर्चुअल कार्यशालाएँ (Virtual Workshops)**

  - ऑनलाइन सेमिनार आयोजित करें, जिनमें गुलाब की सजावट और देखभाल के तरीके सिखाए जाएँ।

- **वर्चुअल टूर (Virtual Tours)**

  - स्थानीय गुलाब उद्यानों के साथ साझेदारी कर वर्चुअल टूर आयोजित करें, जिससे ग्राहक गुलाब की खेती की प्रक्रिया को समझ सकें।

- **ऑगमेंटेड रियलिटी (AR) पूर्वावलोकन:**

  - ग्राहकों को यह अनुभव कराने के लिए कि गुलाब की सजावट उनके घरों में कैसी लगेगी, AR तकनीक का उपयोग करें।

3. समुदाय सहभागिता और सहयोग (Community Engagement and Collaborations)

- स्थानीय साझेदारियाँ
    - स्थानीय व्यवसायों के साथ मिलकर गुलाब-थीम वाले कार्यक्रम या प्रचार योजनाएँ चलाएँ।
- दान एवं सामाजिक पहल
    - गुलाब की बिक्री से प्राप्त आय का एक हिस्सा दान करें, जिससे ग्राहकों में सकारात्मक छवि बनेगी।
- शैक्षिक कार्यक्रम
    - गुलाब की खेती, उपयोग और देखभाल से संबंधित कार्यशालाएँ और प्रशिक्षण सत्र आयोजित करें।

4. विशिष्ट उत्पाद और सेवाएँ (Unique Product Offerings)

- सब्सक्रिप्शन सेवाएँ
    - ग्राहकों को नियमित रूप से कस्टमाइज्ड गुलाब के फूलों की डिलीवरी प्रदान करें।
- कस्टमाइज्ड उत्पाद
    - गुलाब से बने उत्पाद जैसे गुलाब-सुगंधित मोमबत्तियाँ, स्किनकेयर आइटम और गुलाब-आधारित उपहार प्रदान करें।

5. इन-स्टोर प्रदर्शन और अनुभव (Creative In-Store Displays and Experiences)

- **इंटरएक्टिव डिस्प्ले (Interactive Displays)**
    - ग्राहकों को विभिन्न प्रकार के गुलाबों को छूकर और सूंघकर अनुभव करने का अवसर दें।
- **फोटो अवसर (Photo Opportunities)**
    - दुकानों में सुंदर गुलाब से सजे क्षेत्रों की व्यवस्था करें, जहाँ ग्राहक तस्वीरें क्लिक कर सकें।
- **थीम आधारित कार्यक्रम (Themed Events):**
    - "गुलाब महोत्सव" या "रोज़ एप्रिसिएशन डे" जैसे कार्यक्रमों का आयोजन करें।

6. डिजिटल मार्केटिंग नवाचार (Digital Marketing Innovations)

- **ईमेल अभियान**
    - ग्राहकों को गुलाब की देखभाल, रोचक तथ्य और विशेष ऑफ़र वाली न्यूज़लेटर्स भेजें।
- **इन्फ्लुएंसर मार्केटिंग**
    - सोशल मीडिया इन्फ्लुएंसर्स के साथ मिलकर गुलाब से जुड़े उत्पादों को प्रमोट करें।

- कंटेंट मार्केटिंग
  - गुलाब से जुड़े विषयों पर ब्लॉग पोस्ट, वीडियो और लेख प्रकाशित करें, जिससे ग्राहकों को आकर्षित किया जा सके।

7. स्थायी और नैतिक व्यवसाय प्रथाएँ (Sustainable and Ethical Practices)

- इको-फ्रेंडली पैकेजिंग
  - गुलाब से बने उत्पादों के लिए पर्यावरण-अनुकूल पैकेजिंग का उपयोग करें।
- नैतिक स्रोतों से प्राप्त सामग्री
  - सुनिश्चित करें कि गुलाब की खेती और कटाई नैतिक और स्थायी तरीकों से कीगई हो।
- पर्यावरण-अनुकूल पहल
  - गुलाब की खेती को अधिक हरित और टिकाऊ बनाने के लिए जैविक खेती और जल-संरक्षण तकनीकों को अपनाएँ।

गुलाब के प्रमुख राष्ट्रीय एवं अंतर्राष्ट्रीय बाजार (Major nationaland International market of rose)

वैश्विक गुलाब बाजार में हाल के वर्षों में उल्लेखनीय वृद्धि देखी गई है, जिसका मुख्य कारण सौंदर्य प्रसाधन, व्यक्तिगत देखभाल और वेलनेस क्षेत्रों में इसकी बढ़ती मांग है।**2024 में, वैश्विक गुलाब अर्क (Rose Extract) बाजार का मूल्य लगभग 425.2 मिलियन अमेरिकी डॉलर था, और यह2031 तक 660.75 मिलियन अमेरिकी डॉलरतक** पहुंचने का अनुमान है, जिसमें**6.50% की वार्षिक वृद्धि दर**

(CAGR)होगी।

अंतरराष्ट्रीय बाजार (International market)

उत्तरी अमेरिका (North America)

2024 में170.08 मिलियन अमेरिकी डॉलरके मूल्य के साथ उत्तर अमेरिका ने गुलाब अर्क बाजार में 40% से अधिक की हिस्सेदारी दर्ज की। यह2024 से 2031 तक 4.7% की वार्षिक वृद्धि दरके साथ आगे बढ़ने की संभावना है।

यूरोप (Europe)

127.56 मिलियन अमेरिकी डॉलरके बाजार मूल्य के साथ, यूरोप ने 2024 में वैश्विक राजस्व का 30% से अधिक योगदान दिया। 2031 तक यह क्षेत्र5.0% की वार्षिक वृद्धि दरके साथ विकसित होगा।

एशिया-प्रशांत (Asia-Pacific)

इस क्षेत्र ने2024 में वैश्विक राजस्व का 23% योगदान दिया, जिसका मूल्य97.80 मिलियन अमेरिकी डॉलरथा। इस बाजार की2024 से 2031 तक 8.5% की वार्षिक वृद्धि दरके साथ सबसे तेज़ी से बढ़ने की उम्मीद है।

भारत में गुलाब बाजार की स्थिति (India's Market Dynamics)

भारत में गुलाब अर्क का बाजार2024 में 11.74 मिलियन अमेरिकी डॉलरका था और10.3% की वार्षिक वृद्धि दरके साथ यह लगातार बढ़ रहा है। इस वृद्धि का मुख्य कारण प्राकृतिक और जैविक उत्पादों की बढ़ती मांग है। इसके अतिरिक्त, भारत में गुलाब आयात में भी वृद्धि हो रही है।2024 में गुलाब आयात का मूल्य 9.55 हजार यूनिट था, जो 2028 तक 10.61 हजार यूनिट तक पहुंचने का अनुमान है, जिससे2.7% की वार्षिक वृद्धि दरदर्शाई गई है।

निष्कर्ष (Conclusion)

कुल मिलाकर, वैश्विक गुलाब बाजार तेज़ी से बढ़ रहा है, जिसमें उत्तर अमेरिका, यूरोप और एशिया-प्रशांत क्षेत्र की महत्वपूर्ण भूमिका है। भारत विशेष रूप से स्वास्थ्य के प्रति जागरूक उपभोक्ताओं और प्राकृतिक उत्पादों की बढ़ती मांग के कारण उल्लेखनीय वृद्धि का

अनुभव कर रहा है।

कीटनाशकों के उपयोग के समय रखी जाने वाली सावधानियाँ

कीटनाशकों के उपयोग के समय रखी जाने वाली सावधानियाँ (Precautions to be taken while using pesticides)

कीटनाशक क्रय (Pesticide purchase)

- एक बार प्रयोग के लिए जितनी मात्रा की आवश्यकता है उतनी ही मात्रा में कीटनाशक का क्रय करें।
- रिसते हुए डिब्बों, खुला, बिना मोहर, फटे बैग में कीटनाशक का क्रय न करें।
- बिना अनुमोदित लेबल वाले कीटनाशक का चयन न करें।

भण्डारण (Storage

- घर के अंदर कीटनाशक का भण्डारण न करें।
- मौलिक मोहरबंद डब्बे का ही प्रयोग करें।
- कीटनाशक को किसी दूसरे पात्र में स्थानांतरित न करें।
- खाद्य सामग्री या चारा के साथ कीटनाशक को न रखें।
- कीटनाशक को बच्चों या पशुओं के पहुँच के बाहर रखें।
- वर्षा या धुप में कीटनाशक के साथ न रखें।

उपयोग (Use)

- खाद्य पदार्थों के साथ कीटनाशक को न लावें तथा परिवहन न करें।
- अधिक कीटनाशक की मात्रा को सर पर, कंधों पर, पीठ पर रखकर स्थानांतरित न करें।

कीटनाशक छिड़काव हेतु घोल निर्माण में सावधानियाँ (Precautions in preparation of pesticides solution for spraying)

- केवल शुद्ध जल का प्रयोग करें।
- छिडकाव अवधि में अपना नाक, आँख, मुंह, कान तथा हाथ का बचाव करें।
- घोल बनाते समय हाथ का दस्ताना, चेहरे का मुखौटा, नकाब तथा सर को ढकते हुए टोपी का प्रयोग करें। इस अवधि में कीटनाशक हेतु उपयोग किये गये पॉलिथीन का उपर्युक्त कार्य हेतु इस्तेमाल न करें।
- घोल बनाते करते समय डिब्बे पर अंकित सावधानियाँ को पढ़कर अच्छी प्रकार समझ लें, तदनुसार कार्रवाई करें।
- छिड़काव किये जाने वाली मात्रा में ही घोल बनाएं ।
- मोहरबंद पात्र के सान्द्र कीटनाशक को हाथ के सम्पर्क में न आने दें। छिड़काव मशीन के टैंक को न सूंघें।
- छिड़काव मशीन के टैंक में कीटनाशक ढालते समय बाहर न गिरने दें।
- छिड़काव मिश्रण तैयार करते समय खाना, पीना, चबाना, या धूम्रपान करना मना है।

छिडकाव उपकरण (Spraying tools)

- सही प्रकार के उपकरण का ही चयन करें।
- रिसने वाले या दोषपूर्ण उपकरण का प्रयोग न करें।
- उचित प्रकार को नोजल का ही प्रयोग न करें।
- रुकावट पैदा होने और नोजल को मुंह से न फूंकें तथा साफ करें। इस कार्य टूथ-ब्रश एवं स्वच्छजल का ही प्रयोग करें।
- खरपतवार नाशक तथा कीटनाशक प्रयोग हेतु एक ही छिड़काव मशीन का उपयोग न करें।

कीटनाशक छिड़काव के समय बरती जाने वाली सावधानियाँ (Precautions to be taken while spraying pesticides)

- केवल सिफारिश की गयी मात्रा तथा सांद्रता के घोल का ही प्रयोग

करें।

- कीटनाशक का छिड़काव गर्म दिन की अवधिएवं तेज वायु गति के समय न करें।
- वर्षोपरांत या वर्षा के पूर्व (अनुमानित) कीटनाशक का छिड़काव न करें।
- वायुगति दिशा के विरुद्ध कीटनाशक का छिड़काव न करें।
- छिड़काव के पश्चात स्प्रेयर, बाल्टी आदि को साबुन पानी से साफ कर लें।
- बाल्टी या अन्य पात्र जिसका उपयोगछिड़काव में किया गया है, उसका घरेलू कार्य हेतु पुनः उपयोग न करें।
- छिड़काव के तुरंत बाद उपचारित क्षेत्र में जानवर या मजदूर का प्रवेश वर्जित कर दें।

निपटान (Disposal)

- बचे हुए छिड़काव घोल को तालाब, जलाशय या पानी के पाइप के सम्पर्क में न आने दें।
- उपयोग किये गये बर्तन, डब्बे को पत्थर से पिचकाकर जल स्रोत से दूर मिट्टी में काफी गहराई में गाड़ दें।
- खाली डब्बों का उपयोग खाद्य भंडारण हेतु न करें।

www.ingramcontent.com/pod-product-compliance
Lightning Source LLC
La Vergne TN
LVHW091239150826
845673LV00003B/1226

* 9 7 9 8 8 9 7 2 4 6 7 8 6 *